WARUM? DARUM!

EVOLUTION

W0078298

Oetinger

Deutsche Erstausgabe
1. Auflage 2013
© Verlag Friedrich Oetinger GmbH, Hamburg 2013
Alle Rechte vorbehalten
© Originalausgabe: 2011 Editoriale Scienza srl
Titel der Originalausgabe: Teste Toste – Perché siamo Parenti delle Galline?
© Text: Federico Taddia
Aus dem Italienischen von Ulrike Schimming
Druck und Bindung: Grafisches Centrum Cuno

ISBN 978-3-7891-8535-9

www.oetinger.de

WARUM? DARUM!

EVOLUTION

FEDERICO TADDIA · TELMO PIEVANI

BEI DIR PIEPT'S WOHL!
JEDE MENGE FRECHE FRAGEN
ZU DARWIN, DINOS UND DODOS

Illustrationen von Roberto Luciani

Aus dem Italienischen von Ulrike Schimming

Verlag Friedrich Oetinger · Hamburg

Warum? Darum!

Gebrauchsanleitung

Dieses Buch kannst du vom Anfang bis zum Ende lesen.
Oder vom Ende bis zum Anfang. Alles auf einmal oder in
kleinen Häppchen. Du kannst es irgendwo aufschlagen und
dort mit deiner Reise in die fantastische Welt der Evolution
beginnen.

Du kannst zu den Fragen springen, die dich ganz brennend
interessieren, du kannst die Themen vertiefen, die du am
liebsten hast, oder einfach von einer Frage zur nächsten
bummeln …

Die Autoren

Federico Taddia wäre gern als rosa Amazonasdelfin geboren
worden, würde gerne eine Nacht als Fledermaus am Himmel
fliegen und träumt davon, früher oder später einmal mit
seinem Avatar zu Abend zu essen. Als Journalist hat er nur
eins im Sinn: spannende
Antworten auf seine
unendlich vielen Fragen
zu finden.
Seine tausend
Fragen zur Evolution
hat Federico dem
Wissenschaftstheoretiker
Telmo Pievani gestellt.

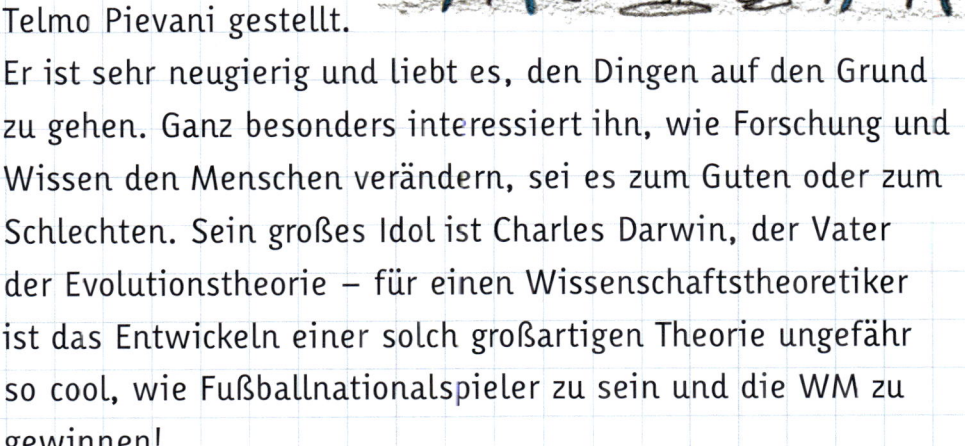

Er ist sehr neugierig und liebt es, den Dingen auf den Grund
zu gehen. Ganz besonders interessiert ihn, wie Forschung und
Wissen den Menschen verändern, sei es zum Guten oder zum
Schlechten. Sein großes Idol ist Charles Darwin, der Vater
der Evolutionstheorie – für einen Wissenschaftstheoretiker
ist das Entwickeln einer solch großartigen Theorie ungefähr
so cool, wie Fußballnationalspieler zu sein und die WM zu
gewinnen!

Bist du bereit? Dann blättere um ... und los geht's!

IST DER MENSCH EIN TIER?

Ja, wir sind wirklich Tiere, aber ganz besondere. Als wir vor mehr als 100 000 Jahren zum Menschen wurden, haben wir unsere tierische Natur nicht abgelegt. Wir gehören zur Familie der Hominiden, also zu den Menschenaffen, und hier zur Ordnung der Primaten. Unsere engsten Verwandten sind die Schimpansen und Gorillas.

Bin ich mit den Affen so verwandt wie mit meiner Tante?

Na ja, nicht so ganz. Deine Tante gehört ja richtig zu deiner Familie, die heutigen Affen nicht direkt. Es kommt vor, dass wir Gorillas in Käfige sperren, aber mit unseren Tanten würden wir so etwas nie wagen (obwohl wir das vielleicht bei manchen Familienfeiern gerne täten)! Die Affen und wir haben uns aus denselben Vorfahren entwickelt (das heißt, irgendeinen Ururururururururururururururgroßvater hatten wir gemeinsam), aber es sind dann eben doch zwei unterschiedliche Familien daraus geworden.

Gibt es denn dann auch unterschiedliche Menschenfamilien, wie bei den Affen?

Nein, das kann man nicht sagen. Etwas anderes wäre es, wenn wir uns mit einer Zeitmaschine Zehntausende Jahre zurück in die Vergangenheit beamen könnten. Da könnten wir etwas Tolles erleben: Damals streiften zwei oder drei verschiedene menschliche Arten durch die Wälder und Steppen.

Höhlenmenschen mit Keule und Zottelbart?

In Europa lebte der Neandertaler: Ein kräftiger, schlauer Mensch, der sich keineswegs nur in Höhlen verkroch. Er war ein äußerst geschickter Jäger und Sammler und überlebte in den kalten Temperaturen der Eiszeit. Zur selben Zeit wärst du in Indonesien dem Flores-Menschen begegnet. Besser gesagt, du hättest ihm auf den Kopf spucken können … denn der Flores-Mensch war kaum mehr als einen Meter groß. Er sah fast so aus

wie ein Hobbit – mit gedrungenem Körper und sehr langen Füßen.

War das ein Urzeitmensch?

Nein. Der Flores-Mensch war ein richtiger Mensch, ein Homo erectus. Der Flores-Mensch war so klein, weil er sich der Insel angepasst hatte, auf der er lebte. Das passiert auf Inseln öfter: Die großen Tiere werden klitzeklein und die kleinen riesengroß. Dies geschieht, weil die großen Tiere meist nicht genug zu fressen finden und die kleinen Tiere auf Inseln oft keine Feinde haben. So gab es auf Sizilien mal eine Art Mini-Elefanten. Und in Indonesien lebten neben den kleinen Flores-Menschen auch Riesenmäuse. Merkwürdig, oder?

Und wer sind »wir«?

Wir sind Homo sapiens – so lautet der wissenschaftliche Name unserer Spezies (Art). Eines schönen Tages zog eine Gruppe Homo sapiens von Afrika, ihrer Heimat, nach Asien und Europa. Vielleicht waren unsere Vorfahren so zahlreich geworden, dass sie nicht mehr genug zu essen fanden, oder sie waren einfach nur neugierig, wie die Welt hinter dem Horizont aussah. Vielleicht lag ihnen auch das Wandern im Blut: Sie zogen von Tal zu Tal, von Wüste zu Wüste und von Küste zu Küste. Dabei trafen sie auf andere menschliche Spezies, die überall verstreut auf der Erde lebten. Kannst du dir vorstellen, was dann passierte?

Klar, die mochten sich gegenseitig und beschlossen, glücklich zusammenzuleben!

Nein, leider nicht. Wir Homo sapiens mischen uns gern überall ein. Und zudem drücken wir anderen mit Vorliebe unseren Willen auf.

So haben wir alles besetzt, auf dem Gebiet der anderen Menschen gejagt und gesiedelt und die anderen Menschenarten nach und nach verdrängt. Das solltest du dir aber nicht wie einen richtigen Krieg, sondern eher als eine ganz langsame Veränderung vorstellen: Mit der Zeit sind die Neandertaler komplett aus Europa verschwunden. Wir stammen also nicht von den Neandertalern ab, sondern von ihren neugierigen, aufdringlichen Vettern aus Afrika, die Europa zu ihrer neuen Heimat machten: Wir sind also die ersten Einwanderer aller Zeiten!

Als man dir zum ersten Mal sagte, dass du früher ein Affe warst: Was dachtest du da?
Wie wunderbar! Ich bin ein Tier und gehöre zur Natur! Ein paar Tage lang habe ich mich nicht rasiert …

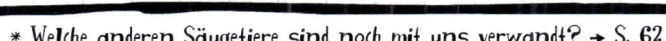

* Welche anderen Säugetiere sind noch mit uns verwandt? → S. 62
* Wie wird der Mensch der Zukunft sein? → S. 86
* Warum passen sich die Tiere an ihre Umgebung an? → S. 22

STIMMT ES, DASS DARWIN DIE LEGUANE AUF DEN GALAPAGOS-INSELN DUMM UND HÄSSLICH FAND?

Esel

Ja, das tat er. Die armen Leguane! Charles Darwin, der Schöpfer der Evolutionstheorie und der Entdecker dieser schuppigen Kriechtiere, segelte fünf Jahre auf einem Schiff mit. Und das, obwohl er an Seekrankheit litt! Seine Laune wurde nicht besser, als er endlich auf den Galapagosinseln ankam: Sie sind so karg und öde, dass Darwin dort nur noch griesgrämiger wurde. Und auch an den dort hausenden gemächlichen Reptilien konnte Darwin keinen Gefallen finden.

Mochte er die Leguane echt gar nicht??

Na ja, er fand sie irgendwie auch ganz lustig. Darwin war ein ziemlicher Scherzkeks. Um sich nach der langen, mühsamen Seereise aufzuheitern, machte er sich einen Spaß daraus, die Leguane ins Wasser zu werfen. Dann sah er zu, wie sie auf ihren plumpen Füßen hektisch an Land flitzten. Denn im Wasser lebten ihre Feinde. Ziemlich gemein eigentlich ...

Hat Darwin denn auch was Schönes auf den Galapagosinseln entdeckt?

Natürlich! Neben den Leguanen gibt es dort noch viele andere außergewöhnliche Tiere: Riesenschildkröten, Lavamöwen, Blaufußtölpel, Rotfußtölpel ... Vor allem die Artenvielfalt beeindruckte Darwin. An diesem abgelegenen Ort haben sich unzählige neue Arten entwickelt, darunter eine große Anzahl verschiedener Finken und ganz viele Land- und Meerechsen: gelbe, braune, schwarze, graue, welche, die Algen fressen, und andere, die Kakteen bevorzugen ...

Und was hielten die Leguane von Darwin?

Die sagten sich wahrscheinlich: „Seht euch bloß diesen Darwin an, wie dumm und hässlich der ist ...!"

* Waren Dinosaurier wirklich böse? → S. 18
* Warum fressen große Tiere kleinere? → S. 67

11

WARUM ERFORSCHT MAN IMMER NOCH DIE DINOSAURIER?

Dinosaurier waren großartige Reptilien. Und voller Überraschungen, so wie Feuer speiende Drachen oder Monster aus dem Märchen. Nur hat es sie wirklich gegeben. Vor Jahrmillionen beherrschten sie die Erde, und sie waren die größten Tiere, die unser Planet bisher beherbergt hat.

Gab es viele verschiedene Dinos?

Ja, doch die genaue Anzahl kann man leider nicht mehr ermitteln. Es gab Fleischfresser, Pflanzenfresser, Zweifüßler und Vierfüßler. Oft jagten und verteidigten sie sich in einer Gruppe. Manche Dinos trugen Federn wie die Vögel, andere hatten riesige Kämme, Stachelrücken oder spitze Schuppen. Sie passten sich an ihre Umgebung an und entwickelten tolle Eigenschaften, um zu überleben. Die Dinos sind Helden einer aufregenden Geschichte.

Kannst du sie erzählen, die Geschichte der Dinos?

Die Dinosaurier, von ihrer Entstehung im Trias bis zu ihrer Blütezeit im Jura (der Jura begann vor etwa 200 Millionen Jahren und endete ungefähr vor 145 Millionen Jahren), hatten Himmel und Erde erobert. Man hätte meinen können, nichts und niemand könnte ihnen etwas anhaben, aber sie starben trotzdem ganz plötzlich fast alle aus.
Wahrscheinlich, weil mehrere Meteoriten auf der Erde einschlugen. Die neuen Welteroberer waren die Säugetiere, kleine Tiere mit warmem Blut und flauschigem Fell, auf die nie jemand einen Cent gesetzt hätte.

Schön, wollen wir einen Film darüber drehen?

Ich glaube, das hat schon jemand getan.

* Sind Dinosaurier wirklich alle ausgestorben? → S. 30
* Warum gibt es in der Natur so viele Arten? → S. 58

 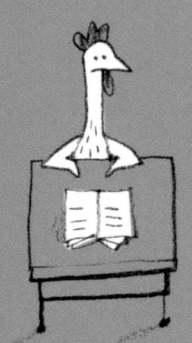  

SIND WIR DIE EINZIGEN SCHLAUEN TIERE?

Kommt drauf an, wie man es sieht ... Auf jeden Fall sind wir die größten Angeber unter der Sonne! Ein Chamäleon ist sehr viel schlauer als wir, wenn es darum geht, im tropischen Regenwald zu überleben. Ein Homo sapiens könnte nie wie ein Killerwal im Meer leben oder sich wie ein Eichhörnchen an die genaue Lage all der tausend Nüsse und Samen erinnern, die es versteckt hat.

Viele Tiere haben tolle Überlebens- oder Jagdtechniken entwickelt. In der Natur ist jede Art intelligent genug und perfekt ausgerüstet, um in ihrer Umgebung zu überleben. Sonst wäre sie nicht dort. Kennst du zum Beispiel den Seeteufel?

Natürlich, den hab ich neulich erst am Teich gesehen, wie er mit einem See-Engel gestritten hat.

Ach, wirklich? Der Seeteufel ist ein Fisch und lebt im Meer. Er hat auf dem Kopf eine Art leuchtende Antenne, die er wie eine Angel verwendet. Sie hat die Form eines Fischchens. Geht er jagen, versteckt der Seeteufel sich im Meeressand, wedelt mit dieser Angel hin und her und lockt andere Fische an. Kommen sie ihm zu nahe ... ZACK!, verspeist er sie mit einem Happs.

Die perfekte Falle!

Eine nobelpreisverdächtige Erfindung. Wenn das mal nicht schlau ist!

Gutes Stichwort: Was heißt es genau, schlau zu sein?

In der Natur bedeutet das, zu wissen, wie man überlebt und sich fortpflanzt. Unsere Intelligenz ist nicht größer als die von Tieren, nur ganz anders.

Bereits vor etwa 40 000 Jahren war die Gattung Homo sapiens mit einer sozialen Intelligenz ausgestattet. Das heißt, unsere Vorfahren waren schon schlau genug, sich in Gruppen zusammenzuschließen. Außerdem waren sie auf technischem Gebiet sehr pfiffig und hatten ganz besondere handwerkliche Fähigkeiten entwickelt. Sie waren zweibeinige Affen, lebten wie heute in Familien und fertigten Waffen aus Knochen und Steinen. Damit raubten sie den wahren Jägern, Raubkatzen und Hyänen, ihre Beute. Ansonsten begnügten sie sich mit Früchten und Wurzeln und passten auf, nicht selbst zerfleischt zu werden. Dann kam „der große Sprung nach vorne".

Was ist der „große Sprung nach vorne"?

Da haben wir Menschen uns plötzlich in erstaunlicher Weise sehr stark weiterentwickelt! Von da an taten wir neue, merkwürdige Dinge. Wir schminkten uns, stellten Schmuck her, machten Musik und bemalten Höhlen mit herrlichen Bildern. Alles Dinge, die Tiere ziemlich unnütz und überflüssig finden würden. Wir fingen an, in einer komplizierten Sprache zu sprechen und uns Geschichten und fremde Welten auszudenken. Das nennt man „symbolische Intelligenz": Sie macht uns einzigartig!

Wozu ist unsere Intelligenz gut?

Sie hilft uns, zu überleben und Verständnis für unsere Mitmenschen und andere Lebewesen aufzubringen. Intelligenz lässt uns die Absichten anderer erkennen und die Schritte eines Jägers voraussehen. Mit unserem Verstand haben wir auch gelernt, fürchterliche Waffen einzusetzen, wie Feuer, Sprengstoff, gemeine Lästereien oder Verbrennungsmotoren. Zum Glück haben wir aber auch Bücher, Musik und Raumschiffe erfunden. Unsere Intelligenz gut zu nutzen, ist unsere einzige Rettung, denn gegenüber Raubtieren hätten wir rein körperlich gar keine Chance.

Und wenn wir unsere Intelligenz schlecht nutzen?

Na ja, vermutlich würden mehr von uns sterben. Manchmal wäre es aber sicherlich besser, dumm zu sein, als mit unserer Intelligenz schädliche Dinge wie Massenvernichtungswaffen zu erfinden.

Also ist auch das Dummsein zu etwas nütze?

Kann sein, aber das ist keine Entschuldigung dafür, nichts lernen zu wollen. Ein solches „Dummsein" ist leider zu gar nichts nütze, deshalb kommen dumme Sachen in der Natur selten vor. In der Natur gibt es viele Verhaltensweisen, die dumm oder sinnlos wirken. Doch dahinter stecken meist logische Erklärungen. So fliegt die Küstenseeschwalbe jährlich mehr als 15 000 Kilometer zu ihren Brutgebieten in der Arktis, weil sie dort das beste Nahrungsangebot zur Jungenaufzucht finden und andererseits die Überwinterung in der Antarktis von Vorteil ist, weil dann dort viel Nahrung vorhanden ist. Was in der Natur aber nur äußerst selten vorkommt, ist, anderen zu schaden, ohne selbst einen Vorteil daraus zu ziehen. Diese dumme Verhaltensweise betreibt nur ein einziges hoch entwickeltes Tier.

Welches denn?

Du hast schon mal von ihm gehört: Es heißt Homo sapiens ...

* Haben wir die Sprache erfunden? → S. 60
* Hat sich seit der prähistorischen Zeit unser Hirn oder unser Körper stark verändert? → S. 70

WAREN DIE DINOSAURIER BÖSARTIGE BESTIEN?

Ist das Krokodil ein grausames Tier, wenn es seine Beute reißt? Um zu überleben, muss es schließlich auch was zwischen die Zähne kriegen. Auch die Dinosaurier lebten in einer Welt voller geschickter Jäger und kluger Beutetiere, die ständig auf der Hut waren und sehr schlaue Methoden hatten, um sich zu verteidigen. In der Tierwelt geht es nicht um gut oder böse, sondern um Überleben oder Tod.

Ist die Natur gut oder böse?

Weder noch: Die Natur ist. Basta. Die verschiedenen Arten sind das Ergebnis von Millionen Jahren Evolution. Nur wir Menschen teilen die Lebewesen dieser Erde ein in Gut und Böse, halten sie für schrecklich, lieb oder lästig, wie die Mücken.

Manchmal sind Tiere aber auch ganz schön grausam, oder?

Manchmal schon. Die Schlupfwespen zum Beispiel legen ihre Eier in einer Raupe ab, die sie zuvor gelähmt haben. Wenn die Insektenlarven schlüpfen, fangen sie an, die lebende Raupe von innen aufzufressen. Grausam ist das richtige Wort dafür. Allerdings machen die Wespen das ja nicht aus Bosheit ... Menschen dagegen machen furchtbare Dinge nicht nur, um zu überleben, sondern einfach aus Grausamkeit.

Und ich jammere schon über einen Mückenstich ...

Alles in der Natur hat einen Sinn, selbst wenn es uns absurd vorkommt. Auch ein Mückenstich! Denn die weibliche Mücke benötigt Blut, damit die Eier sich entwickeln können. Wenn du die kleinen Plagegeister nicht besonders magst, könntest du eine Fledermaus adoptieren: Sie hat Mücken zum Fressen gern, und es macht Spaß, sie nachts beim Fliegen zu beobachten!

* Warum erforscht man immer noch die Dinosaurier? → S. 12
* Ist es richtig, sich gegenseitig zu verspeisen? → S. 67

SIND **MENSCHEN** DIE EINZIGEN, DIE ZUR **SCHULE** GEHEN?

So leid es mir tut: Ja! Tiere lernen anders. Das ist vielleicht nicht so langweilig wie die Schule, dafür aber viel gefährlicher, manchmal sogar lebensgefährlich! Eine neugeborene Antilope zum Beispiel muss ganz schnell auf die Beine kommen und neben der Mutter herlaufen, wenn sie nicht gefressen werden will. Aber es gibt auch nettere Tierschulen.

In welche Tierschule würdest du gerne gehen?

Ich würde gern die Singschule der Vögel besuchen oder ein kleiner Löwe sein: Dann würde ich in der Gruppe jagen lernen und den Alten bei ihrer Arbeit zusehen. Auf jeden Fall dauert die Tierschule nicht so lange wie die Menschenschule. Wir sind wirklich übel dran! Wir werden ganz schutzlos geboren und brauchen Mama und Papa am längsten von allen Tieren auf der Welt.

Wann hast du als Kind gewusst, was du einmal werden möchtest?

Schon in der Schule mochte ich Naturwissenschaften, weil es ständig neue Dinge zu entdecken gibt. Und trotz der zahlreichen Themen landet man immer wieder bei denselben bedeutenden Fragen: Wer sind wir? Und woher kommen wir? Nach den Gründen und Abläufen der Evolution zu forschen, ist superspannend.

* Gibt es Affen, die sich wie wir Menschen benehmen? → S. 46
* Sind wir die einzigen schlauen Tiere? → S. 14

Darwin entdeckte, dass die Arten sich im Laufe der Zeit verändern und alle miteinander verwandt sind. Unsere engsten Verwandten sind zwar die Affen, doch darüber hinaus sind wir auch Vettern der Hühner und aller anderen Tiere. Diese außergewöhnliche Entdeckung machte Darwin dank seiner langen Weltumsegelung. In den fünf Jahren auf See besuchte er die unglaublichsten Orte, sammelte die sonderbarsten Fundstücke und machte sich jede Menge Notizen. Schließlich begriff er, dass hinter den verschiedenen Arten die Evolution steckt – bis dahin war man der Meinung, dass Gott die Tiere und Pflanzen alle so erschaffen hat, wie sie sind. Weil sich die Evolution nur schwer erklären ließ, hat Darwin seine Entdeckung aufgezeichnet.

Wie denn?

Er hat einen Baum gezeichnet, den er „Baum des Lebens" nannte. Der sieht wie ein Stammbaum aus: Am Fuß stehen die ältesten Vorfahren, und die jüngsten Zweige sind die Urururenkel. Die verschiedenen Tierarten stammen alle von einem gemeinsamen Vorfahren ab: Die Gruppen teilten sich, wanderten in unterschiedliche Gebiete und passten sich an ihre neue Umgebung an. Zum Teil veränderten sie sich dabei so sehr, dass sie ihrem Ururururgroßvater gar nicht mehr ähnelten.
Neue Arten wachsen wie ein Baum: Vom Stamm, dem Urvater, gehen Äste ab, die sich wiederum in neue Äste teilen, und immer so weiter …
Das war Darwins erste große Entdeckung!

Also gibt es noch eine zweite große Entdeckung?

Ja. Darwin versuchte herauszufinden, wieso der Baum immer neue Äste bildete. Das war sehr schwierig zu erklären, doch schließlich kam er dahinter und nannte es „natürliche Selektion".
Die natürliche Selektion ist der Kampf um Nahrung und Raum für die Aufzucht der Nachkommen. Leben viele Tiere derselben Art am selben Ort, wird das Leben für alle sehr hart, und nicht alle überleben. Am

23

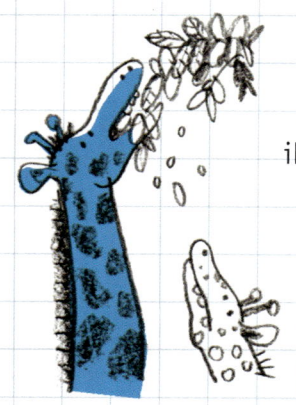

besten schlagen sich diejenigen durch, die über ganz spezielle Eigenschaften verfügen, mit denen sie eher an Nahrung gelangen oder schneller vor ihren Feinden flüchten können – zum Beispiel, weil sie größer sind, schärfere Zähne haben oder besser riechen können als andere Tiere derselben Art. Solche Eigenschaften kommen gelegentlich einfach zufällig vor, das nennt man Mutation. Diese Glücklichen überleben, sie zeugen mehr Nachkommen und vererben die außergewöhnlichen Eigenschaften an ihre Kinder. Die Tiere mit weniger nützlichen Merkmalen sterben leider aus.

Und wir Menschen sind der Baumstamm?

Nein, wir sind nur ein dünner Zweig am Baum des Lebens.

Bist du ganz sicher, dass Darwin mit seiner Theorie richtigliegt?

Zweifellos. Der Baum des Lebens, die Abstammungslehre, die Abfolge der Arten in den Milliarden von Jahren: Das alles ergibt einen perfekten Sinn. Wie die Evolution jedoch genau funktioniert, darüber diskutieren wir noch. In der Wissenschaft gibt es keine endgültigen Wahrheiten, sondern nur ein ständiges Forschen. Und ab und zu müssen wir unsere alten Theorien über Bord werfen.

Wann denn, zum Beispiel?

Heute wissen wir, dass die natürliche Selektion nicht allmächtig und nicht perfekt ist. Sie erschafft nichts aus dem Nichts, sondern nutzt das Material, das ihr zur Verfügung steht, die Gene nämlich. Gene sind so was wie die Baupläne der Lebewesen, sie bestimmen die Eigenschaften, die sie haben. Sie ordnen sich auf immer wieder neue Weisen, wodurch

sich die Tiere besser an ihre Umgebung anpassen können. Dabei passieren aber auch Fehlentwicklungen. Die Entdeckung der Gene passt genau zu Darwins Theorien und macht die Evolution noch viel interessanter.

Hättest du Darwin gern als Banknachbarn in der Schule gehabt?

Sehr gern! Das muss ein ganz cooler Typ gewesen sein, mit seiner Sammlung sonderbarer Fundstücke und seinen chaotischen Chemie-experimenten. Er war Mitglied in einem Feinschmeckerzirkel, in dem man die abwegigsten Tiere verspeiste (dann bekamen alle Mitglieder eine Lebensmittelvergiftung, und dieser Kreis löste sich ganz schnell wieder auf!).

* Welches Tier ist am menschlichsten? → S. 62
* Bin ich weiter entwickelt als mein Papa? → S. 82

STAMMT DER MENSCH VON DER KUH AB?

Wir stammen zwar nicht direkt von der Kuh ab, aber wir sind mit ihr verwandt. Auch wenn wir ganz anders aussehen und leben, ähnelt sich unser genetisches Erbe. Die Kuh frisst Pflanzen, wir dagegen essen auch Fleisch. Das war jedoch nicht immer so.

Waren unsere Vorfahren etwa Vegetarier?

Ziemlich sicher ja. Man weiß nicht genau, warum wir angefangen haben, Fleisch zu essen. Womöglich, um unser immer größeres und anspruchsvolleres Gehirn satt zu bekommen, oder weil unser Gehirn eben schlau genug geworden war, um Tiere zu erlegen. Aber lange war unsere größte Sorge nicht, was wir essen sollen, sondern vielmehr, nicht selbst zum Mahl eines anderen Fleischfressers zu werden!

Sind Kühe glücklich darüber, von uns gegessen zu werden?

Der größte Traum einer Kuh ist es wohl kaum, gegessen zu werden. Aber von uns Menschen gezähmt zu werden, brachte für die Kuh nicht nur Nachteile mit sich: Zwar landet sie auch auf unseren Tellern, doch dadurch, dass wir sie züchten und schützen, gibt es heute viel mehr Kühe auf der Welt als früher!

Würdest du gern mal einen Tag als Kuh verbringen?

Na ja ..., einen Tag vielleicht. Aber eigentlich ist es doch langweilig, nur im Stall zu stehen oder als Wiederkäuer auf der Wiese immer wieder dasselbe Gras durchzukauen. Doch die Welt mal mit den Augen eines Tieres zu sehen, wäre toll! Vorausgesetzt, man macht kein Steak aus mir ...

* Was ist das „genetische Erbe"? → S. 39
* Was spielten die Kinder in der Urzeit? → S. 34

GIBT ES EIN TIER, DAS SICH NIE VERÄNDERT HAT?

Die Evolution ist kein Muss. Lebewesen verändern sich nur, wenn es notwendig ist. Manche Arten sind über Millionen von Jahren gleich geblieben. Denn warum sollte man sich verwandeln, wenn die Umgebung dieselbe bleibt und alles passt? Einige Tiere haben sich seit der Jurazeit (in der Zeit von vor 200 bis vor 145 Millionen Jahren) nicht weiter-entwickelt – bis heute.

Welche sind das?

Die „lebenden Fossilien", wie der Pfeilschwanzkrebs, der aussieht, als sei er einem Science-Fiction-Film entsprungen. Andere, wie die Haie, haben sich zwar verändert, aber uralte Eigenschaften beibehalten. Aber am tollsten ist der Quastenflosser.

Der Quastenwas?

Hättest du vor 100 Jahren einen Naturforscher gefragt, was ein Quastenflosser ist, hätte er dir von einem Fisch erzählt, der seit der Zeit der Dinosaurier ausgestorben ist.
Aber dann haben vor ein paar Jahrzehnten Fischer in ihren Netzen einige Exemplare dieses Urfisches aus den Tiefen des Indischen Ozeans an Land gezogen. Das war vielleicht eine Überraschung! Das war so ähnlich, als hätte man einen lebenden Dinosaurier gefunden!

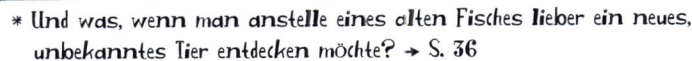

* Und was, wenn man anstelle eines alten Fisches lieber ein neues, unbekanntes Tier entdecken möchte? → S. 36
* Apropos Fossilien: Warum klont man eigentlich kein Mammut? → S. 68

GIBT ES
HEUTE NOCH
DINOSAURIER?

Ja, die gibt es noch, und sie hüpfen lustig vor unserem Fenster herum.

Du machst Witze, oder? Ich mach sofort das Fenster zu.

Keine Panik, ich meine die kleinen Singvögel, die bei uns im Garten umherfliegen. Das ist eine relativ neue Entdeckung: Dodos, Moas, Elefantenvögel, Adler und selbst die kleinen Spatzen stammen von einer Dino-Gruppe ab.

Es hat eine Weile gedauert, bis wir Wissenschaftler da draufgekommen sind. Wir haben uns Dinos sehr lange ganz falsch vorgestellt, als dumme, behäbige Bestien, Zirkusattraktionen ohne Hirn! Aber ganz im Gegenteil: Dinos waren herrliche Tiere, die sich vor über 230 Millionen Jahren in den unterschiedlichsten Umgebungen entwickelt haben.

Sie waren sehr gut angepasst und oft in hoch entwickelten Herden organisiert. Manche waren nur so groß wie Truthähne, andere hingegen riesengroß, manche waren leichte Beute, andere geschickte Jäger.

Woher weißt du das, wenn du nie einen in echt gesehen hast?

Wir haben Abertausende von Fossilienfunden, durch die sich die Dinosaurier in verschiedene Spezies aufteilen lassen. Mithilfe von Computersimulationen haben wir herausgefunden, wie die Dinos ausgesehen haben – wir können sie sogar laufen lassen. So haben wir entdeckt, dass sie viel beweglicher und flinker waren, als wir dachten. Manche von ihnen hatten sogar bunte Federn und nicht nur grüne Schuppenhaut! Und dann haben wir uns gefragt, ob das nicht alles große Hühner gewesen sind.

Sind die Dinos denn nicht vor 65 Millionen Jahren ausgestorben?

Zum größten Teil schon. Höchstwahrscheinlich sind mehrere Meteoriten auf der Erde eingeschlagen. Aber einige Dinosaurier haben überlebt, und zwar die Theropoden, die Vorfahren unserer Vögel. Das ist das Schöne an

der Natur: Es kann wer weiß was passieren, am Ende lässt sie sich doch nicht unterkriegen! Das Aussterben der Dinosaurier hat den Weg frei gemacht für viele Tiere, die zuvor von den Stärkeren an den Rand gedrängt wurden und sich nun frei entfalten konnten. Nach dem Verschwinden der Dinos entwickelten sich die Säugetiere explosionsartig in ganz vielfältige Richtungen. Aber verwechsele die Natur bloß nicht mit dem Fortschritt, im Sinne von „weg mit den lahmen, alten Dinos und her mit den flinken, intelligenten Säugetieren". Wer weiß, was ohne den Meteoriten-Einschlag geschehen wäre!
Die Vögel stammen also von den wenigen Überlebenden der „bösen" Tyrannosaurier und Velociraptoren ab. Ab heute wirst du kleine Spatzen mit ganz anderen Augen sehen ...

Haben die Menschen je mit Dinosauriern zusammengelebt?

Nein, das gibt es leider nur bei Familie Feuerstein, bei Fred, Wilma und ihrem treuen Dino im Garten! In Darwins Baum des Lebens liegen wir viel zu weit auseinander: Mensch und Dinosaurier sind sich nie begegnet.
Als die Dinos vor 65 Millionen Jahren ausstarben, fingen die Säugetiere erst an, sich in die verschiedenen Tierarten aufzuteilen, die wir heute kennen. Die Affen entwickelten sich erst sehr viel später. Bis vor sechs Millionen Jahren war die menschliche Linie dieselbe wie die der Schimpansen. Als unsere menschlichen Vorfahren durch Ostafrika zogen, waren die Dinos schon seit Urzeiten ausgestorben. Die Ersten unserer Art, des Homo, tauchten etwa vor zwei Millionen Jahren auf. Den Homo sapiens, also uns, gibt es erst seit 100 000 bis 200 000 Jahren. Ein Zusammenleben mit den Dinosauriern war also unmöglich.

Wie hätte so ein Zusammenleben denn ausgesehen?

Würden wir ein paar Forscher in die Jurazeit schicken, hätten sie zwischen geifernden Tyrannosauriern mit messerscharfen Zähnen, flinken Velociraptoren und hungrigen Horden anderer Fleischfresser schnell ein böses Ende gefunden – selbst mit modernen Waffen. Dinos jagten in Gruppen und hatten scharfe Sinne und Zähne. Zweibeinige, dickliche, langsame und eingebildete Wesen mit zwar viel Hirn, aber sonst wenig Verteidigungsstrategien zu erlegen, wäre ein Kinderspiel für sie gewesen.

Hättest du gern einen zahmen Dino?

Ja, total! So einen kleinen, schnellen, intelligenten mit bunten Federn. Aber es sollte kein Fleischfresser sein ...

* Kann man einem Dinosaurier trauen? → S. 18
* Endete der Dodo genauso wie die Dinos? → S. 54
* Warum erforscht man immer noch die Dinosaurier? → S. 12

WOMIT SPIELTE EIN URZEITKIND?

Ein Urzeitkind brauchte keine Playstation, um glücklich zu sein. Es vertrieb sich die Zeit wahrscheinlich mit Steinen oder merkwürdig geformten Stöcken. Vielleicht ärgerte es mit Vorliebe Tiere oder spielte Verstecken im Wald. Oder es raufte mit seinen Brüdern und Schwestern, so wie es viele Säugetierjunge tun.

Gab es gar kein Spielzeug?

Doch! Eins der ersten Spielzeuge waren Würfel, davon gibt es uralte. Aber die Natur selbst war ein riesiger Vergnügungspark für die Kinder. Dort konnten sie die wichtigen Erfahrungen für ihr Leben sammeln, ohne sich weit von ihren Eltern zu entfernen.

Hat Spielen einen Sinn?

Spielen ist für unsere Entwicklung sehr wichtig. Beim Spielen vergisst man die Wirklichkeit, unser Gehirn erfindet ganz neue Dinge, entdeckt Zusammenhänge und sucht nach Lösungen für Probleme. Spielend könnten die Kinder des Homo sapiens ihre Eltern auf viele geniale Ideen gebracht haben.

Warum wird dann in der Schule gelernt und nicht gespielt?

Tja ... auch das Lernen ist ein wundervolles Spiel: das Spiel des Wissens! Einige Lehrer können einen das allerdings vergessen lassen ...

* Sind wir wirklich die Einzigen, die sprechen? → S. 60

KÖNNEN NEUE TIERARTEN ENTSTEHEN, DIE ES NOCH NIE GEGEBEN HAT?

Das wäre schön, kommt aber immer seltener vor, da viele Arten schon
sehr gut an ihre Umwelt angepasst sind und Verbesserungen schwierig
sind. Vor allem passiert so was nicht von heute auf morgen, sondern
über viele Tausend Jahre. Ein Naturforscher hat trotzdem jede Menge zu
tun, denn es gibt immer noch Millionen unbekannte Arten: Allein im
vergangenen Jahr haben Biologen mehr als 1000 Arten entdeckt!
Vermutlich sind viele Tierarten ausgestorben, ohne auch nur einen
Namen gehabt zu haben.

Wo leben die unbekannten Arten?

Das Leben entsteht an den unglaublichsten Orten! In Papua-Neuguinea
hat man in einem erloschenen Vulkan zum Beispiel ein ganzes Ökosystem
unbekannter Lebensformen gefunden. Auch die dunklen Tiefen der
Ozeane, viele Kilometer unter der Wasseroberfläche, wo kein Sonnen-
strahl mehr hinreicht, sind voller Überraschungen. Überall auf der Erde
finden wir immer wieder kleine Wunder der Artenvielfalt.

Ist der Mensch schuld, wenn keine neuen Arten entstehen?

Nicht nur, aber wir haben deutliche Spuren auf der Welt hinterlassen.
Wir roden Wälder, verschmutzen die Umwelt, jagen und fischen die
Ozeane fast leer. Und wir werden immer mehr, wodurch wir anderen
Arten den Lebensraum rauben. Auf viele Tiere wirkt das so wie der
Riesenmeteorit auf die Dinos: Wir sind der Grund für ihr Aussterben.
Auf diesem „vermenschlichten" Planeten ist es für jede andere Art
schwer zu überleben.

* Könnte der Mensch sich ändern? → S. 85
* Lernt der Mensch vielleicht einmal fliegen wie die Vögel? → S. 76

WAS HABEN ERBSEN MIT MENSCHEN ZU TUN?

Mehr, als du glaubst! Mitte des 19. Jahrhunderts machten zwei Naturforscher und Wissenschaftler, jeder für sich, entscheidende Entdeckungen für die Zukunft der Wissenschaft. Was wohl passiert wäre, wenn sie sich getroffen hätten? Sie hätten sich auf jeden Fall viel zu erzählen gehabt! Einer der beiden war Darwin.

Der schon wieder! Wer war der andere?

Der andere hieß Gregor Mendel. Er war Mönch und verbrachte viel Zeit damit, Erbsen zu erforschen. Das war natürlich nicht so aufregend, wie um die Welt zu reisen!

Ist an Erbsen überhaupt irgendwas aufregend??

Ja, anhand der Erbsen hat Mendel eine Regel entdeckt, die auch auf uns Menschen übertragen werden kann. Je nachdem, wie sie kombiniert werden, vererben Erbsen ihren „Kindern" bestimmte Eigenschaften. Mendel züchtete bestimmte Erbsensorten, zum Beispiel eine mit glatter Samen und eine mit schrumpeligen, oder grüne und gelbe. Wenn er diese miteinander kreuzte, verlor die erste Generation „Kinder" eine dieser Eigenschaften. Bei den „Enkeln" tauchte das verlorene Merkmal in einem ganz bestimmten Verhältnis zu den anderen Eigenschaften jedoch wieder auf. Die „Kinder" waren beispielsweise durchweg glatt, aber die Eigenschaft „schrumpelig" kam überraschenderweise bei einem Viertel der „Enkel" wieder vor. So entdeckte Mendel die Gesetze der Vererbung (auch wenn sie zu seiner Zeit niemand verstand).

Uff, das ist kompliziert: Was bitte ist Vererbung?

Bei der Vererbung werden Eigenschaften von Lebewesen auf die Nachkommen übertragen. Die Gene fertigen sozusagen eine Kopie an. Machen die Gene dabei einen „Fehler", entsteht eine sogenannte Mutation. Das ist eine spontane Veränderung des Erbgutes. Mutationen und neue Gen-Kombinationen übertragen sich auf die Nachkommen, ein

bisschen wie Missverständnisse bei der Stillen Post: Der eingeschlichene Fehler wird vom einem zum anderen weitergegeben. Ein solcher „Irrtum" kann in der Evolution ein Glücksfall sein, wenn sich die betroffenen Lebewesen durch ihn besser an ihre Umgebung anpassen können.

Wo passieren diese Fehler?

Unsere Gene bestimmen, wie unser Körper aufgebaut ist und wie er funktioniert. Sie sind wie ein Code und setzen sich aus vier verschiedenen Grundbausteinen zusammen. Es gibt zwar Milliarden Menschen, aber alle haben einen unterschiedlichen Code. Nur bei eineiigen Zwillingen ist es der gleiche.

Wird einer der Gen-Bausteine zufälligerweise ersetzt oder entfernt, entstehen Veränderungen. Die „genetischen Mutationen" können sich dann zum Beispiel vom Vater auf den Sohn übertragen.

Und was heißt das für den Menschen?

In den Redensarten „ganz der Papa" oder „der Mama wie aus dem Gesicht geschnitten" steckt ein Fünkchen Wahrheit: Wir haben zum Beispiel ähnliche Augen, eine ähnliche Nase, fast den gleichen Mund und klitzegleich aussehende Haare wie unsere Mutter oder unser Vater. In uns lebt also etwas von unseren Eltern weiter.

Darwin hatte begriffen, dass die Vererbung der Treibstoff der Evolution ist. Ihre genauen Regeln hat er jedoch nicht erkannt. Mendel begann, die Gesetze der Vererbung zu verstehen. Aber vielleicht hat er wiederum nicht durchschaut, wozu die Vererbung gut ist.

Und wenn Mama oder Papa schlechte Eigenschaften haben?

Auch die werden natürlich vererbt, genau wie bestimmte Krankheiten, die passenderweise „Erbkrankheiten" heißen. Allerdings passiert die Weitergabe nicht immer ganz exakt, und jedes Mal können Mutationen auftreten. Jeder Mensch ist das Ergebnis einer langen Vererbungsgeschichte, die in seinen Genen geschrieben steht. Gleichzeitig ist jeder Mensch einzigartig: Es hat

zuvor auf dieser Welt noch nie einen Mensch wie dich gegeben, und es wird auch niemals ein Mensch geboren, der genauso ist wie du!

Also sind wir mit den Hühnern verwandt und benehmen uns wie Erbsen – na toll!

Ja, so sind wir. Aber zum Glück haben wir auch viele spannende Eigenschaften. Deshalb ist der Mensch wohl das faszinierendste Tier und am schwierigsten zu erforschen!

* Aber wäre es nicht besser, wenn wir alle gleich wären? → S. 58
* Was hat Darwin entdeckt? → S. 22
* Und warum stammen wir nicht von den Kühen ab? → S. 26

GAB ES SCHON IMMER VERSCHIEDENE RASSEN?

Verschiedene Rassen derselben Art findet man oft in der Natur, zum Beispiel die vielen verschiedenen Affenrassen. Oft entwickeln auch die Menschen neue Rassen, wenn sie etwa Kühe züchten, die mehr Milch geben, oder die süßesten Äpfel miteinander kreuzen. Auch die vielen Hunderassen hat der Mensch geschaffen. Aber ob du nun einen winzigen Zwerghund wie den Chihuahua oder eine Deutsche Dogge von der Größe eines kleinen Ponys an der Leine führst – beide Male gehst du mit einem Hund spazieren!

Und bei den Menschen?

Menschliche Rassen gibt es nicht. Der Mensch lebt erst so kurze Zeit auf dieser Welt, dass er sich nicht in verschiedene Rassen weiterentwickelt hat. Vielmehr sind unsere Gene kunterbunt gemischt: Das geschieht dadurch, dass wir ganz verschiedene Erdteile bereisen, ein- und auswandern und uns in Menschen auf der ganzen Welt verlieben.

Und trotzdem sind wir alle verschieden?

Ja, jeder Mensch ist anders und in seiner Weise einzigartig! Natürlich gibt es Menschen, die sich ähnlicher sehen als andere. Zum Beispiel haben Menschen, die in sonnenreichen Erdteilen leben, eine dunklere Haut und schwarze Haare, während Menschen aus dem hohen Norden häufig eine blassere Hautfarbe und hellere Haare haben. Doch das sind nur äußerliche Unterschiede, die uns schön vielfältig und interessant aussehen lassen. Im Kern sind wir Menschen uns aber alle sehr ähnlich: Unser Erbgut gleicht dem unseres afrikanischen Urgroßvaters Homo sapiens – und zwar ausnahmslos, bei allen Menschen auf der ganzen Welt!

* Warum hat der Mensch den Hund gezähmt? → S. 53
* Wieso nennt man Afrika die „Wiege der Menschheit"? → S. 8

WARUM HABEN WIR EIGENTLICH ZWEI ARME UND ZWEI BEINE?

Der aufrechte Gang hat unseren Händen die große Freiheit gegeben, zu greifen, wonach immer wir möchten. Das hat uns weit gebracht! Ostafrika, wo wir Menschen ursprünglich herkommen, wurde über einen langen Zeitraum zu einem immer trockeneren Gebiet ohne Wälder und Bäume. Zum Jagen oder um zu einem schattigen Plätzchen zu gelangen, musste man sehr weit laufen. Hier brachte der aufrechte Gang einen entscheidenden Vorteil: Man konnte über das hohe Gras hinwegsehen und Bäume, die eventuell Nahrung boten, erkennen. Aber auch Feinde konnten frühzeitig gesichtet werden. Zudem machte der aufrechte Gang den Menschen zum Ausdauerläufer. Und seitdem hat sich viel verändert ...

Was denn?

Während uns die Sonne zuvor auf den gesamten Pelz schien, brannte sie uns nun hauptsächlich auf den Kopf. Darum verloren wir nach und nach unser Fell und schwitzen am ganzen Körper, sodass wir es schön kühl haben! Unser Körper hat also eine Art Klimaanlage entwickelt.
Die freien Hände brachten den Vorteil, dass wir Werkzeuge benutzen und unsere Babys und unsere Nahrung umhertragen können. Wir können nicht nur laufen, sondern auch schwimmen und klettern, Fortbewegungsarten, von denen Tiere jeweils meist nur eine oder allenfalls zwei beherrschen. Durch den aufrechten Gang sind wir zu wahren Alleskönnern geworden!

Und wenn wir Vierfüßler geblieben wären?

Dann würden wir hier heute nicht stehen! Die heiße Savanne war ein ziemlich stressiger Ort für einen warmblütigen Vierfüßler mit flauschigem Fell.

* Warum haben wir nicht Arme, Beine und einen Schwanz? Das wäre doch eine schlagende Kombination! → S. 85

GIBT ES AFFEN, DIE
SICH WIE MENSCHEN
BENEHMEN?
ODER ANDERSHERUM?

Auf den ersten Blick ähneln viele Verhaltensweisen der Affen uns Menschen. Aber schaut man genauer hin, entdeckt man zahlreiche Unterschiede zwischen uns und unseren haarigen Verwandten. Die Menschenaffen, wie zum Beispiel Schimpansen, Gorillas, Orang-Utans und Gibbons, stammen wie schon gesagt von denselben Vorfahren ab wie wir und sind uns daher am ähnlichsten. Aber auch sie haben eine lange Entwicklungsphase durchlebt und sind keineswegs unsere direkten Vorfahren.

Was? Aber Darwin sagt doch, dass wir vom Affen abstammen!

Nein, tut er nicht! Das wird immer vereinfacht so gesagt, stimmt aber nicht. Darwin bezeichnet uns als ihre Vettern, nicht als ihre Enkel. Wir stammen nicht von den Affen ab, die heute leben, sondern von einem affenartigen gemeinsamen Vorfahren, den wir uns mit den Schimpansen teilen. Er lebte vor etwa sechseinhalb Millionen Jahren in Afrika. Seit dieser Zeit verläuft unsere Entwicklung jedoch komplett verschieden: Wir Menschen haben eine ganz andere Geschichte und Evolution erlebt als unsere behaarten Verwandten.

Nach sechs Millionen Jahren verbindet uns nichts mehr?

Im Baum des Lebens stellen wir zwei eng beieinanderliegende Äste dar. Das Verhalten der Affen, wie sie fressen, sich lausen, streiten und spielen, ähnelt dem des Menschen sehr. Daher ist es wahrscheinlich, dass diese Verhaltensweisen, ob aggressiv oder liebevoll, von unseren gemeinsamen Vorfahren stammen. Aus diesem „Urverhalten" haben wir dann unser heutiges menschliches Benehmen entwickelt, und einiges davon finden wir eben auch bei den Affen. Affen zu beobachten, ist also wie ein spannender Blick in unsere Vergangenheit. Bei einigen Affenarten hat man sogar einfache Formen von „kulturellen Traditionen"

entdeckt: Finden Affen zum Beispiel heraus, wie man am geschicktesten eine Nuss knackt oder an einen anderen Leckerbissen gerät, geben sie dieses Wissen in ihrer Gruppe weiter. Auf einer japanischen Insel konnte man beobachten, dass die dort lebenden Makaken-Äffchen ihre Kartoffeln im Meer salzen, bevor sie sie fressen. Ein ganz besonders schlaues Weibchen hatte entdeckt, dass die gelben Knollen so sehr viel besser schmecken.

Warum laufen wir auf zwei Beinen und die Affen nicht?

Das hängt damit zusammen, dass wir Menschen uns in ganz anderen Lebensräumen aufhielten und eine völlig andere Entwicklungsgeschichte haben als die Affen. Abgesehen davon, dass wir als Babys krabbeln und auch als alte Omas und Opas meist wieder einen krummen Rücken bekommen, laufen wir Menschen aufrecht. Die Schimpansen haben einen flexibleren Mittelweg gewählt. Sie gehen zwar nicht ganz aufrecht, sind dafür aber superflinke Kletterer. Kurze Strecken laufen die Affen auch fast kerzengerade: zum Beispiel, um ihre Jungen, Früchte oder Äste in den Händen zu tragen. So gelenkig zu sein, ist ziemlich vorteilhaft! Überleg mal, wie schwer es uns im Vergleich zu den Affen fällt, auf Bäume zu klettern.

Gibt es Affen, die sich besser benehmen als der Mensch?

In der Natur ist es sehr schwierig zu sagen, ob ein Verhalten besser ist als ein anderes. Woran sollte man das messen? In der Natur ist alles gut, was zum (gemeinsamen) Überleben beiträgt. Zum Beispiel passen Bonobos besonders gut auf ihre Gruppe auf und schützen und pflegen sich gegenseitig. Die sehr gesellige Affenart hat sich vor etwa zwei Millionen Jahren von den Schimpansen abgespalten. Immer, wenn Bonobos Streit haben, versuchen sie, ihn friedlich zu lösen. Zudem konnten Biologen beobachten, wie sich die Affen nach traurigen Ereignissen, wie dem Tod eines Gefährten, gegenseitig halfen und sich trösteten. Auch handwerklich sind sie sehr begabt: Sie benutzen kleine Werkzeuge und zeigen den Jungen, wie man sie einsetzt. Doch auch die friedfertigen Bonobos sind dazu fähig, sich gegenseitig zu verletzen und zu betrügen. Wie bei uns Menschen gibt es in ihrer Gemeinschaft Gutes und Böses: dicken Zusammenhalt und starke Konkurrenz!

Also sind sie wie wir?

Ja, auch wenn Kriege oder die Ausrottung bestimmter Arten leider rein menschliche Erfindungen sind. Weil wir grausame Waffen wie zum Beispiel Atombomben und viele andere bedrohliche und schädliche Dinge erfinden, sind wir für die Natur besonders gefährlich.

* Wie kann der Mensch den Menschen ändern? → S. 78
* Was ist aus dem Dodo geworden? → S. 54

WAREN WIR VOR MILLIONEN VON JAHREN GLITSCHIGE ALGEN?

Nein, aber wir haben den glibberigen Wasserpflanzen einiges zu verdanken! Die ersten Algenfunde stammen aus dem Kambrium. Aus diesem Zeitalter kommen auch die ersten Fossilienfunde. Die Evolutionsforscher interessieren sich brennend für das Kambrium. Es begann vor etwa 550 Millionen Jahren und ist in der Geschichte des Lebens sehr bedeutend.

Was genau passierte im Kambrium?

Im Kambrium begann die Lebensgeschichte der Tiere und der pflanzlichen Mehrzeller, wie wir sie heute kennen. Bis dahin lebten drei Milliarden Jahre nur Organismen, die aus einer einzigen Zelle bestanden, auf der Erde. Sie waren mikroskopisch klein! Unter ihnen gab es sehr viele bunte Algen. Schon damals herrschte eine faszinierende Artenvielfalt!

Aber was haben die Algen genau mit uns Menschen zu tun?

Die einzelligen Algen stellen ganz viel Sauerstoff her, den wir Menschen und alle Tiere zum Atmen brauchen. Außerdem sind sie Nahrung für viele Tiere, von denen wir einige wiederum jagen oder fischen. Algen geben uns also nicht nur frische Luft zum Atmen, sondern sie ernähren auch die Tiere, die irgendwann auf unseren Tellern landen. Wenn es sie nicht gäbe, würde unsere Welt ganz anders aussehen, und uns Menschen würde es vermutlich gar nicht geben. Das Leben der Großen hängt nämlich immer auch von den klitzekleinen Lebewesen ab.

Also ist Algensalat eines der ältesten Gerichte überhaupt?

Ja, so ungefähr! Algen waren mit Sicherheit die allererste Mahlzeit irgendeines Lebewesens vor lang vergangener Zeit.

* Entwickeln sich auch die Pflanzen weiter? → S. 39
* Nicht nur die Algen sind klein und ganz wichtig … → S. 67

WARUM IST DER HUND DER BESTE FREUND DES MENSCHEN?

Weil beide sich gegenseitig helfen und füreinander da sind: Der Mensch brauchte einen Wächter, Verbündeten und Jagdgehilfen. Im Gegenzug bekam der Hund, oder besser gesagt der Wolf, vom Menschen Futter, Schutz und ein ruhiges Plätzchen zum Schlafen. Beide, die Zwei- und die Vierbeiner, ziehen also einen Nutzen aus der uralten Beziehung.

Wie fing unsere Freundschaft mit den Hunden an?

Als wir Menschen sesshaft wurden, begannen Wölfe, um unsere Dörfer zu streunen und nach Futter zu suchen. Wir suchten die zutraulichsten Tiere aus, zähmten sie, gaben ihnen zu fressen und ließen sie bei uns leben. Nach und nach haben sich die Tiere angepasst und lernten sogar, unsere Stimmungen zu lesen und uns Menschen zu verstehen. Eine schöne Geschichte, oder?

Ist der Mensch denn auch der beste Freund des Hundes?

Tja … das bezweifle ich. Früher verband uns ein hartes Leben und eine treue Zusammenarbeit. Heute haben viele Menschen diesen alten Freundschaftspakt vergessen. Oft behandeln wir unsere Hunde wie Spielzeug, oder wir vermenschlichen sie: Wir kämmen und frisieren sie oder ziehen ihnen kleine Pullover und glitzernde Halsbänder an. Ob das den Hunden so gut gefällt? Bestimmt würden sie viel lieber ein richtiges Hundeleben führen! Andere Menschen wiederum vernachlässigen ihre vierbeinigen Freunde: Jeden Sommer werden unzählige Hunde am Straßenrand ausgesetzt, nur weil die Menschen unbekümmert in den Urlaub fahren wollen.

* Sind wir Fledermäusen oder Katzen ähnlicher? → S. 62

WAS IST AUS DEM DODO GEWORDEN?

Der Dodo ist eine ausgestorbene Vogelart. Entweder haben wir Menschen alle seine Eier stibitzt und verspeist, oder er wurde von tierischen Eindringlingen, die die Menschen mitbrachten, ausgerottet. Auf jeden Fall sind auch wir an seinem Verschwinden schuld. Der Dodo gehörte zu einer antiken Vogelfamilie, die das Fliegen verlernt hatte. Er war mit der hawaiianischen Riesenente verwandt.

Warum konnten Dodos nicht mehr fliegen?

Diese Vögel haben ihre Lebensweise perfekt an die Insel angepasst, auf der sie lebten. Tiere, die auf Inseln leben, stellen sich allgemein ganz besonders gut auf ihren Lebensraum ein, da dieser sehr begrenzt ist. Da es auf dem kleinen Fleck Erde keine großen Feinde gab, dafür aber genug zu fressen, brauchten die Tiere nicht mehr zu fliegen. So haben sie einfach damit aufgehört, genau wie der schwarze Kormoran auf den Galapagosinseln.

DODO
Airline
alle Flüge
gestrichen

Also sind Dodos keine Tiere aus alten Legenden, sondern es gab sie wirklich?

Ja, Dodos, auch Dronten genannt, gab es wirklich. So wie es auch weiterhin Vögel gibt, deren Flügel so gut wie überflüssig wurden. Strauße, Emus, Kasuare, Nandus und Kiwis – alles Laufvögel, die nicht fliegen können. In Neuseeland gab es zudem noch die Moas, die über drei Meter groß werden konnten. Doch die Einheimischen, die Maori, haben sie ausgerottet. Auch der sagenumwobene Elefantenvogel aus Madagaskar war ein Vogel, der auf der Insel das Fliegen verlernte.

Galapagos, Neuseeland, Fidschi: Und wo lebte der Dodo genau?

Dodos lebten auf Mauritius im Indischen Ozean. Sie fraßen Früchte und Pflanzen und nisteten am Boden – ein eindeutiges Zeichen dafür, dass sie nichts zu fürchten hatten. Sie waren auf alles vorbereitet, nur nicht

auf einen federlosen zweibeinigen Eindringling mit einer Axt in der Hand. Hier hat der Mensch in der Evolution also gewaltig mitgemischt!

Die Menschen haben also …

Die Dodos waren auf den Menschen nicht vorbereitet und ließen sich daher ganz leicht einfangen. Jedes Tier lieferte viele Kilos weißes Fleisch und nahrhafte Eier, die nur vom Boden aufgesammelt werden mussten – für den Menschen waren sie also leichte Beute. Bereits in der zweiten Hälfte des 17. Jahrhunderts hatten die Portugiesen und Holländer, die auf Schiffen die Ozeane erkundeten, die großen Vögel ausgerottet. Sie holzten die Wälder ab, in denen die Dodos lebten, bauten dort Zucker-rohr an und führten Tierarten ein, die sich sehr schnell vermehren, wie Hunde, Schweine und Ratten. Der Dodo wurde zu einem Symbol der Ausrottung.

Was meinst du, könnte er zurückkommen?

Manchmal tauchen ausgestorbene Arten wieder auf, jedoch meist nur in unserer Phantasie, wie der Dodo bei Alice im Wunderland. Es gibt Fossilien, ein paar Knochen oder Zeichnungen von damals – die meisten dieser alten Fundstücke werden in Naturkundemuseen aufbewahrt und ausgestellt. Einen Dodo aus Fleisch und Blut werden wir aber wohl leider nicht mehr erleben. Diese Vögel waren zu harmlos und zu gutmütig, um zu überleben.

Lieb und lecker!

Ja, arme Dodos. Obwohl ihr Fleisch wohl nicht mal so schmackhaft war wie zum Beispiel Hühnerfleisch, sind sie der menschlichen Gefräßigkeit zum Opfer gefallen. Das gleiche Schicksal erlitten auch drei der 17 Riesenschildkrötenarten, die auf den Galapagosinseln lebten.

Jahrzehntelang wurden die bedauernswerten Tiere als Frischfleisch auf Schiffen zu uns Menschen transportiert.

Gab es noch andere Arten, die auf so grausame Weise ausgestorben sind?

Ja, leider mussten sogar sehr viele Arten so ein schlimmes Schicksal erleiden. So sind zahlreiche große Säugetiere Australiens und Amerikas ausgestorben, wie das Riesenfaultier oder das Glyptodon, ein lustig aussehendes Tier mit einem riesigen runden Panzer auf dem Rücken. Mittlerweile sind auch der Beutelwolf, der wunderschöne Falkland-Wolf und die Stellersche Seekuh aus der Beringsee ganz verschwunden. Das uralte, friedliche Säugetier wurde über acht Meter lang und wog mehr als zehn Tonnen. Leider ist die Liste ausgestorbener Tierarten bereits unendlich lang. Und auch heute sind viele Arten in Gefahr, für immer vom Erdboden zu verschwinden ...

Hoffentlich können wir das Aussterben bald stoppen!

* Was es braucht, um zu überleben ... → S. 83
* Was ist aus dem Flores-Menschen geworden? → S. 8
* Waren die Menschen schuld, dass die Dinos ausstarben? → S. 32

WARUM SIND WIR NICHT ALLE GLEICH?

Wären wir alle gleich, wäre das erstens sehr langweilig, und zweitens würde die Evolution dann überhaupt nicht funktionieren. Denn dass wir uns alle unterscheiden, ist für unsere Entwicklung sehr wichtig: Ohne die Besonderheiten aller Lebewesen gäbe es keine „natürliche Auslese" – die Tiere und Menschen könnten sich nicht weiterentwickeln und so auch nicht an ihre Umwelt anpassen. Die Natur wäre quasi arbeitslos ...

Kann Gleichsein denn gefährlich sein?

Ja, sehr sogar. Befallen Viren oder Bakterien zum Beispiel eine Tierart, in der sich die einzelnen Tiere nur wenig unterscheiden, wird es schnell brenzlig: Alle Tiere sind gleich und daher auch gleich angreifbar – wird einer krank, werden alle krank!
Gibt es jedoch Unterschiede zwischen den Tieren, ist wahrscheinlich eines widerstandsfähiger als ein anderes. Die Robusteren halten durch und vermehren sich, und die Krankheit wird immer seltener. Deswegen sorgt die Natur dafür, dass wir alle ganz unterschiedliche Merkmale und Eigenschaften, Talente und Schwächen haben. Bei uns Menschen sind nicht einmal Zwillinge haargenau gleich. Immer gibt es winzige Unterschiede zwischen den Geschwisterkindern, wie eine Zahnlücke oder einen kleinen Leberfleck auf der Wange.

Sollten wir also die Artenvielfalt verteidigen?

Na klar, die Vielfalt der Arten ist quasi unsere Lebensversicherung: Solange es Unterschiede gibt, ist unser Überleben gesichert. Einige Länder haben bereits Samenbanken eingerichtet. Dort werden Samen und Gene von verschiedenen Pflanzen- und Tierarten aufbewahrt. Würden sie aussterben, hätte man zumindest ihre Gene gespeichert.

> * Kann man mit den Genen ausgestorbene Tiere wieder zum Leben erwecken?
> → S. 68

KÖNNEN NUR WIR MENSCHEN SPRECHEN?

Ja, tatsächlich drücken nur wir Menschen uns in Worten aus. Viele Philosophen (das sind Denker, die versuchen, Antworten auf wichtige Fragen der Menschheit zu finden) meinen daher, dass es die Sprache ist, die uns von den Tieren unterscheidet. Vermutlich hat die Sprache, mit der wir uns Geschichten erzählen und neue Ideen formulieren, den „großen Sprung nach vorne" ausgelöst. Denn so konnten wir Erfahrungen an die nächste Generation weitergeben. Vor langer Zeit haben wir uns noch mit einfachen Gesten, unserer Mimik und Lauten verständigt. Daraus entwickelte sich dann die Sprache, mit vielen verschiedenen Worten und ganzen Sätzen.

Und die Tiere? Wie verständigen sie sich?

Mit Lauten, Gerüchen, Farben oder sogar chemischen Zeichen. Die Natur steckt voller spannender Informationen, aber oftmals fehlen uns die Sinne, um sie zu verstehen oder überhaupt wahrzunehmen.

Hat man schon mal versucht, Tieren das Sprechen beizubringen?

Einige Wissenschaftler haben einmal den Versuch unternommen, Schimpansen die menschliche Sprache beizubringen. Dabei haben sie entdeckt, dass die klugen Menschenaffen tatsächlich viele Worte lernen und selbst leichte Fragen beantworten können. Vielleicht ist der Mensch in seiner Fähigkeit zu sprechen also doch nicht so einmalig! Jedoch reagierten die Affen nur auf einzelne Wörter und sehr einfach gebaute Sätze.

Warum konnten sie keine schwierigeren Sätze verstehen? Sind sie zu dumm?

Das glaube ich kaum. Vielleicht hatten sie einfach keine Lust auf die Menschensprache — sie brauchen sie ja nicht, weil sie unter ihresgleichen eine ganz eigene Weise haben, sich zu verständigen. Und das klappt affenartig gut! Vielleicht nennen uns die Tiere ja „Quassel-Affen"!

* Wie lernen Tiere? Bringen sie sich gegenseitig etwas bei? → S. 21
* Sind Menschen wirklich die einzigen intelligenten Tiere? → S. 14

WELCHES TIER IST UNS MENSCHEN AM ÄHNLICHSTEN?

Schimpansen und Gorillas sind unsere Vettern ersten Grades, das heißt, dass sie uns Menschen ganz besonders ähnlich sind. Auch die Orang-Utans sind mit uns Menschen verwandt: Vor gut 14 Millionen Jahren hatten wir dieselben Vorfahren. Jedoch haben wir Menschen uns seitdem in eine ganz andere Richtung weiterentwickelt. Auch mit den Gibbons, Makaken und Berberaffen – kleineren, aus Asien und Europa stammenden Affen, die ganz besonders gut klettern können – sind wir entfernt verwandt. Noch weiter entfernt sind die Entwicklungslinien der anderen Säugetierarten, unserer Vettern zweiten Grades. Hier ähneln uns lustigerweise die Nager am meisten – mit quiekenden Meerschweinchen und Mäusen haben wir also erstaunlich viel gemeinsam!
Weil Mäuse und Ratten uns so ähnlich sind, werden sie häufig für Tierversuche benutzt. Die armen Laborratten! Nahe stehen uns auch Igel und Fledermäuse, genauso wie Pferde und Nashörner, und auch die Kaniden, also Hunde und Wölfe, und die Feliden, die Löwen und Katzen.

Also haben wir mit den Hühnern keine besondere Verbindung? Schade ... ich hätte mich so gerne mal aufgeplustert!

Mhm, erstaunlicherweise kommen wir auch den Hühnern ganz schön nahe. Man muss sich nur weit genug in die Vergangenheit beamen, um einen Vorfahren zu finden, den Vögel und Menschen gemeinsam haben, genauer gesagt rund 310 Millionen Jahre. Hühner sind also eher weit entfernte Vettern von uns, auch wenn wir wie sie auf zwei Beinen stolzieren und viele unserer Freunde sich auf dem Schulhof wie Gockel aufführen ...

Wenn wir also doch mit den Hühnern verwandt sind, warum legen wir dann keine Eier?

Tja, wir sind zwar verwandt, aber eben nur sehr entfernt. Bei den Hühnern blieb die Eientwicklung außerhalb des Körpers, und bei uns hat sie sich nach innerhalb verlagert. Dadurch sind unsere Nachkommen während ihrer Entwicklung gut geschützt, sodass wir meist nur einen oder mal zwei Nachkommen austragen, während die Hühner viele Eier legen müssen, um das Überleben ihrer Art zu sichern.

Wer sind denn unsere am weitesten entfernten Säugetier-Verwandten?

Hier müssen wir zum Anfang alles Säugetier-Lebens zurückgehen. Vor etwa 140 Millionen Jahren spalteten sich aus der großen Gruppe der Plazentatiere – das sind Tiere, die ihre Babys in ihrem Bauch über einen Mutterkuchen ernähren – die Beuteltiere ab. Wie der Name schon sagt, haben Beuteltiere einen Beutel, worin auch die Jungen in den ersten Wochen heranwachsen. Beuteltierbabys trinken schon früh selbstständig an den Zitzen der Mutter. Im Laufe der Zeit entwickelten sie sich zu ganz unterschiedlichen Arten: Heute gibt es Kängurus, Koalas, Opossums, Wombats und Tasmanische Teufel.

Welches Tier hältst du für das „menschlichste"?

Würde man eine Wahl zum menschenähnlichsten Tier veranstalten, würde wohl der Delfin gewinnen. Er ist ein besonders intelligentes, soziales und sensibles Tier. Dem Delfin trauen wir menschliche Gedanken und Gefühle zu. Zum Beispiel helfen sich die Tiere gegenseitig, indem sie ihre Angreifer clever austricksen oder gemeinsam auf die Jagd gehen. Auch gibt es viele Geschichten von Delfinen, die Menschen vor einem Haiangriff retteten, indem sie sie umzingelten und von den Haien abschirmten. Manchmal übertreiben wir es jedoch und deuten ein bisschen zu viel in die Handlungen der Tiere hinein. Vielleicht haben wir zu viel „Flipper" oder andere Delfinfilme gesehen ... Doch die schlauen und charmanten Tiere überraschen uns immer wieder!

Aber wie kann der Delfin uns Menschen ähneln, wenn wir im Wasser gar nicht überleben könnten?

Spannenderweise hat der Delfin gar nicht immer im Wasser gelebt. Seine Vorfahren hatten Füße und lebten an Land. Da sie aber sehr gerne planschten und immer mehr Zeit im Wasser verbrachten, haben sich genau die Urdelfine weiterentwickelt, deren Füße besonders groß waren und sich gut als Schwimmflossen eigneten. Am Ende sind die Delfine für immer ins Wasser gesprungen!

Wer sind die nächsten tierischen Verwandten der Delfine?

Halt dich gut fest: Delfine und Wale sind eng mit Schweinen, Kühen und Nilpferden verwandt – genauso nah wie wir mit den Affen! Das ist wirklich wahr! Die Natur ist immer für eine Überraschung gut.

Und welches ist das älteste Säugetier?

Schwer zu sagen. Eines der ältesten und sonderbarsten Säugetiere ist das australische Schnabeltier. Obwohl es Eier legt, säugt es seine Jungen. Es hat zwar Fell, aber gleichzeitig auch Schwimmhäute und einen Entenschnabel. Und in seinen Krallen steckt ein starkes Gift, wie im Stachel eines Skorpions oder in scharfen Schlangenzähnen.

Wenn du die Wahl hättest, welches Tier würdest du dann gern sein?

Ganz klar: ein rosa Amazonasdelfin. Der ist wunderschön, intelligent und hoch- sensibel – fast genauso wie ich!

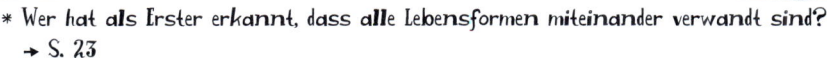

* Wer hat als Erster erkannt, dass alle Lebensformen miteinander verwandt sind? → S. 23

FRESSEN DIE GRÖSSEREN TIERE IMMER DIE KLEINEREN AUF?

Nein, denn würden die großen Tiere immer alle kleineren verspeisen, die ihnen zwischen die Klauen, Tatzen oder Zähne kommen, dann könnten sie doch niemals ihre Jungen aufziehen. Sie würden sie einfach zum Frühstück vertilgen! Tiere sind keine Allesfresser. Und auch sie haben Gefühle, wie zum Beispiel große Muttergefühle. Ab und zu müssen sie jedoch auch auf die Jagd gehen, um zu überleben.

Gibt es für die kleinen Tiere denn auch eine Chance, nicht als Imbiss zu enden?

Aber selbstverständlich! Wenn wir uns die Welt der Winzlinge ansehen, also die Welt der Bakterien und Viren, finden wir uralte Organismen, die diesen Planeten als Allererste besiedelt haben. Sie sind unglaublich widerstandsfähig und können unter extremen Bedingungen überleben. Und dabei sind sie keinesfalls harmlos! Im Gegenteil – sie sind ganz geschickt darin, uns krank zu machen.

Sind Bakterien denn auch nützlich?

Es gibt jede Menge schädliche Bakterien, aber auch eine ganze Menge sehr, sehr wichtige! In unserem Körper wohnen Abermilliarden von Mikroben, Bakterien und anderen mikroskopisch kleinen Lebensformen. Das Erstaunlichste daran ist, dass die Winzlinge zwar wunderbar ohne uns könnten, wir Menschen aber niemals ohne sie! Wir halten uns zwar für furchtbar wichtig, würden wir aber von der Erde verschwinden, würden es die Bakterien nicht einmal merken. Ohne die zahlreichen Bakterien, die in unseren Gedärmen hausen, hätten wir jedoch ein Problem: All die Leckereien, die wir tagtäglich schlemmen, können wir nur mithilfe unserer vielen kleinen „Untermieter" verdauen. Bakterienfrei, also klinisch rein, würden wir innerhalb weniger Tage kläglich verhungern!

* Sind Raubtiere böse? → S. 19

KÖNNEN WIR
MAMMUTS
WIEDER ZUM LEBEN
ERWECKEN?

Es klingt nach einer spannenden Idee, die haarigen Riesen wieder zum Leben zu erwecken! Dafür müsste man ihre Gene aus den Knochen oder Haaren eines Mammut-Fossils entnehmen, sie neu zusammenbauen und in die Eizelle eines lebenden Verwandten setzen. Bei Dinos ist das vollkommen unmöglich, beim Mammut wäre es zwar sehr kompliziert, aber theoretisch machbar.

Warum ginge das beim Mammut?

Wir kennen seine Gene ziemlich genau, da sie tiefgefroren im Polareis gefunden wurden. Außerdem hat das Mammut sehr enge lebende Verwandte, die Elefanten. Sie könnten die fehlenden Gene liefern und ein Junges austragen. Momentan ist das jedoch noch nicht endgültig umsetzbar. Und ich bin mir auch nicht sicher, ob es richtig wäre.

Würdest du dich nicht freuen, wenn es die riesigen Urviecher wieder gäbe?

Ich würde alles dafür geben, ein lebendiges Mammut vor mir zu haben, genauso wie ich viele andere ausgestorbene Arten gerne mal live und in Farbe sehen würde. Aber ich weiß nicht, ob es sich für das Mammut so toll anfühlen würde: Es zu klonen, nur um es in einen Zoo zu stecken, ist nicht besonders nett und schon gar nicht artgerecht. Wir sollten lieber die Tiere retten, die vom Aussterben bedroht sind, anstatt uns hinterher darüber zu beklagen, sie nun nicht mehr auf der Welt zu haben.

* Warum ist es so wichtig, bedrohte Arten zu retten? → S. 59

WAS HAT SICH IM LAUFE DER EVOLUTION MEHR VERÄNDERT: UNSER GEHIRN ODER UNSER KÖRPER?

Unser Körper ist fast der gleiche geblieben, seit wir zum ersten Mal als eigene Spezies aufgetaucht sind. Die Eindringlinge, die vor 40 000 Jahren aus Afrika kamen und Steine und Lanzen benutzten, waren dem Menschen, der auf den Mond flog, durchaus ähnlich. Ursprünglich waren wir Läufer und Wanderer, athletisch und durchtrainiert: Erst seit wir die Landwirtschaft erfunden haben, haben wir uns körperlich verändert und sind zu Sesselpupsern geworden.

Und unser Gehirn?

Das hat sich ganz gewaltig verändert. Man muss sich nur ansehen, wie sich mit der Zeit unsere Intelligenz oder unsere Werkzeuge weiter-entwickelt haben. Von Steinklingen bis zum Computer – da hat unser Gehirn wirklich riesige Fortschritte gemacht.

Wie entwickelt sich das Gehirn?

Haargenau wie andere Organe auch. Es passt sich seiner Umgebung an und findet dabei immer neue Wege und Lösungen. Manche Tiere, wie zum Beispiel die Maus, könnte man als „Nasentiere" bezeichnen. In ihrem Gehirn ist der Bereich, der das Riechen bestimmt, besonders gut ausgeprägt. Andere, wie die Fledermäuse, die in der Nacht jagen, haben ein besonders feines Gehör. Darüber hinaus können sie Gegenstände orten, indem sie sehr hohe Töne aussenden – so hoch, dass wir Menschen sie gar nicht mehr hören. Durch die zurückkehrenden Echos ortet die Fledermaus ihre Beute, sie erkennt ihre Bewegungen und kann Hindernissen im Flug ausweichen. Spannend ist auch das Gehirn des Schnabeltiers: Man könnte es als „schnabellastig" bezeichnen, da es sich insbesondere auf die Funktionen des Schnabels ausgerichtet hat. Unseres scheint sich vor allem auf unsere Hände und unseren Mund spezialisiert zu haben.

Braucht man ein großes Gehirn, um schlau zu sein?

Man braucht ein gut organisiertes Gehirn, das im Verhältnis zur Körpergröße die richtige Proportion hat. Die reine Größe ist dabei gar nicht so wichtig. Die Gehirne der Neandertaler waren zum Beispiel größer als unsere, und trotzdem wissen wir sehr viel mehr als sie. Zu Beginn unserer Entwicklung war unser Gehirn auf dem Stand eines Schimpansen, doch mittlerweile haben sich unsere grauen Zellen verdreifacht. Das heißt jedoch noch lange nicht, dass wir sie auch immer sinnvoll einsetzen ...

Größenmäßig ist unser Gehirn dem eines Neandertalers also eindeutig unterlegen. Und trotzdem ist das menschliche Gehirn ganz besonders leistungsstark: Wir Menschen besitzen den Neocortex, einen noch sehr jungen Gehirnbereich, der uns von anderen Primaten unterscheidet und uns sozusagen zum Menschen macht. Der Neocortex steuert unsere höchsten Fähigkeiten: Mit ihm sprechen wir, denken abstrakt und treffen moralische Entscheidungen.

Und wie sah das Gehirn unserer Vorfahren aus?

Genau wissen wir das nicht. Aber glücklicherweise können wir uns beim Nachforschen immer an unserem eigenen Gehirn orientieren! Für Evolutionsbiologen ist unser Gehirn wie ein unvollständiges, einzigartiges Mosaik aus alten und neuen Teilen. Es ist, als ob nach und nach neue Bereiche hinzugefügt und eingearbeitet worden wären, während die alten Bereiche an neue Aufgaben angepasst wurden. Ein faszinierendes Kunstwerk also!

Entwickelt sich unser Gehirn denn auch heute noch weiter? Wie wirken zum Beispiel Computer und Handys auf unser Gehirn?

Diese Technologien „bombardieren" uns mit Millionen von ungewohnten Informationen. Der Ansturm von Bildern und Texten überfordert unser derzeitiges Gehirn. Und die neuen Techniken entfernen uns immer weiter von unserem einstigen „tierischen" Leben. Brächte man einen Jungen aus einem Urvolk nach New York, würde er in kürzester Zeit lernen, sich anzuziehen, zu sprechen und den Computer zu bedienen. Würden wir beide jedoch per Fallschirm im Urwald landen, wären wir vollkommen aufgeschmissen. Der technische Fortschritt krempelt unsere Kultur rasend schnell um und verändert unseren Alltag. Doch Fortschritt bedeutet nicht immer nur Gutes ... Er kann auch vieles kaputt machen, wie zum Beispiel unsere Umwelt, und uns Menschen überlasten.

Wie würdest du dich körperlich gern verändern, um dich an den modernen Alltag anzupassen?

Ich hätte gern einen Super-Daumen, um 1000 SMS pro Minute zu schreiben! Oder besser noch, manchmal könnte ich eine ganze Hand oder gleich zwei Hände mehr gebrauchen! Aber daraus wird wohl nichts.

* Also sind wir Menschen doch schlauer als die Affen. Ich wusste es! → S. 14
* Was unterscheidet ein europäisches Kind von einem Kind aus Amazonien? → S. 43
* Muss man sich entwickeln? Kann man nicht einfach so bleiben? → S. 28

KÖNNEN DURCH DIE EVOLUTION AUCH NEUE KRANKHEITEN ENTSTEHEN?

Natürlich! Manchmal findet Evolution über Nacht statt. Viren und Bakterien vermehren sich rasend schnell: Innerhalb von Minuten oder Stunden teilen sie sich und hören niemals damit auf. So können sie in kürzester Zeit nützliche Eigenschaften erwerben und sich an ihre Umgebung anpassen. Eine Veränderung – also eine Mutation –, die sich als besonders nützlich erweist, kann sich durch die natürliche Auslese in wenigen Tagen durchsetzen.

Und dann haben wir den Schlamassel ...!

Jedes Jahr erforschen Wissenschaftler die unterschiedlichen Grippe-viren, wie zum Beispiel die Schweinegrippe. So wollen sie im Voraus herausfinden, wie sich die Viren verändern. Aus ihren Ergebnissen entwickeln sie einen Impfstoff, um die Menschen gegen die gefähr-lichsten Viren der kommenden Saison zu schützen. So retten sie viele Leben!

Also muss man nur den richtigen Impfstoff finden!

Schön wär's! Leider kann eine Impfung dem Immunsystem nur gegen einige Grippestämme helfen. Andere Viren überleben, vermehren sich und entwickeln sich weiter. Daher wird jedes Jahr nach neuen Impfstoffen geforscht, obwohl die alten noch zu haben sind. Das ist ein ständiger Kampf zwischen uns und den mutierenden Viren ...

Haaatschiiii!

Genau, Gesundheit!

* Was die Artenvielfalt mit Mikroben zu tun hat ... → S. 59
* Was war denn noch einmal die natürliche Auslese? → S. 23

WIRD DER MENSCH MAL FLIEGEN KÖNNEN?

Das bezweifle ich. Vögel besitzen ganz leichte Röhrenknochen, die im Inneren von Knochenbälkchen gestärkt werden. Ihr Körper ist ein Wunder der Ingenieurskunst und ein Ergebnis von Millionen von Jahren an Selektion.

Waren Flügel schon immer zum Fliegen da?

Die ersten Flügel waren nur einfache Körperfortsätze und beschleunigten die Sprünge der Tiere. Federn dienten am Anfang möglicherweise nur dazu, die Tiere warm zu halten oder bei den Weibchen Eindruck zu schinden. Mit weiterentwickelten, größeren Flügeln glitten die ersten Flugtiere dann von den Ästen hinab, um zu jagen oder vor Angreifern zu fliehen. Schließlich gelang es einem Abkömmling der Dinos, sich von der Erde aus in den Flug aufzuschwingen und immer längere Strecken zu fliegen.

Früher waren es die Dinos. Und wer sind heute die Könige der Lüfte?

Es gibt unterschiedlichste und total außergewöhnliche Flugtiere. Der Albatros gleitet in der Luft, ganz ohne die Flügel zu bewegen, während der Kolibri bis zu 3000-mal pro Minute mit den Flügeln schlägt ...

Hast du mal probiert, wie ein Vogel zu fliegen?

Klar, im Traum ... und fast wäre ich abgestürzt! Im richtigen Leben sind wir viel zu plump und zu schwer und sollten das Abheben besser unseren federleichten Verwandten überlassen. Alles andere könnte leicht zu einer Bauchlandung führen ...

* Brachte Darwin die Leguane wirklich zum Fliegen? → S. 11
* Haben Dinosaurier rechtzeitig das Fliegen gelernt? → S. 31

KANN DER MENSCH DEN MENSCHEN VERÄNDERN?

Momentan verändern wir vor allem unsere Umwelt. Dadurch, dass wir Wälder roden, massenhaft Tiere züchten und schlachten, uns gierig an Bodenschätzen bedienen, die Ozeane leer fischen, Autos und Turbojets erfinden und tagtäglich die Luft verpesten, verlangen wir Menschen unserer Umwelt ganz schön viel ab. Leider denken wir viel zu selten darüber nach, dass wir so auch die Lebensbedingungen unserer Kinder verändern und vielleicht sogar zerstören.

Können wir den Menschen denn nicht zu einem Superhelden machen, der mit allen Bedingungen zurechtkommt?

Mhm, heutzutage wäre das vielleicht sogar machbar – mithilfe der Genetik! Damit können wir die menschlichen Gene künstlich verändern, zu Superhelden-Genen eben! Zuvor müsste man sich aber erst einmal darauf einigen, welche Eigenschaften einen Menschen zum Superhelden machen ... das ist gar nicht so einfach, wie es scheint. Genau gesagt ist es sogar unmöglich, weil es unzählige Kombinationen superheldenhafter Eigenschaften gibt. Und jeder empfindet eine andere Mischung als die Heldenhafteste!

Doch Spaß beiseite: Die Genetik ist ein sehr spannendes Forschungs-gebiet, das für unsere Zukunft sehr wichtig sein wird. Zum Beispiel wird hier geforscht, wie man bestimmte Erbkrankheiten besiegen kann.

Das hört sich gut an. Aber kann es nicht auch gefährlich werden, wenn wir im menschlichen Erbgut herumkramen?

Ja, wie bei jeder neuen Technologie gibt es auch bei dieser sehr hohe Risiken. Denn nicht alles, was technisch möglich ist, ist auch wirklich sinnvoll. Mit ein bisschen gesunden Menschenverstand versteht jedes Kind, dass das Klonen von Menschen eine verzwickte Sache ist.

Wird es jemals einen künstlichen Menschen geben?

Wir sind doch schon auf dem Weg dahin! Wir schauen durch Brillengläser, sind tagtäglich von 1000 Technologien umgeben und spielen virtuelles Tennis vor dem Fernseher, statt draußen auf dem Platz die Schläger zu schwingen. Vielleicht pflanzt man uns irgendwann einen Siliziumchip in unser Hirn, damit wir die Gefühle der anderen ganz genau erkennen können, so wie sich das Autoren und Filmemacher schon ausgedacht haben.

Meinst du, irgendwann werden Roboter die Welt beherrschen?

Diese Angst haben viele, doch ich glaube nicht daran. Weiterhin sind es doch wir Menschen, die die Roboter erfinden und sie ein- und abschalten können. Am Ende entscheidet dann wieder der Mensch, mit seinen Ängsten und Gefühlen und natürlich mit seiner Intelligenz, was gut und was schlecht ist! Außerdem braucht man sich vor all dem Technikkrams gar nicht so doll zu fürchten. Denn eigentlich lebt der Mensch schon seit Urzeiten in einer künstlichen Welt!

Wieso, mit Klamotten aus Fell in einer Höhle zu hausen, klingt doch eigentlich ziemlich öko, oder?

Ja, da hast du recht! Aber wir waren schon immer ziemlich clever und versuchten ständig, unsere Lebensbedingungen ein bisschen aufzumotzen! Anstatt nur mithilfe unserer Muskelkraft zu überleben, erfanden wir Werkzeuge, mit denen wir uns besser durchschlagen konnten. Gegen die Kälte bastelten wir uns Klamotten, in immer moderneren Schnitten. Außerdem stellten wir besonders gefährliche Waffen her, um bei der Jagd erfolgreicher zu sein.

Und als wir dann keine Lust mehr hatten, ständig auf Nahrungssuche zu gehen und in der Gegend hin und her zu rennen, bauten wir uns unsere Nahrung einfach selbst an. So wurden wir sesshaft. Die Landwirtschaft ist eine neue Technik, sich auf bequemere Weise Vorräte anzulegen, die es in der Natur nicht immer und überall gibt.

Unserer Faulheit verdanken wir auch noch andere geistreiche Erfindungen, wie zum Beispiel das Rad! Damit war es viel einfacher, Dinge oder auch Menschen von A nach B zu transportieren.

Wenn das Rad eine so große Erfindung ist, warum hat die Natur uns dann kein Tier auf Rädern beschert?

Die natürliche Auslese ist da sehr praktisch und stützt sich in ihren Entwicklungen immer auf das, was ihr gerade zur Verfügung steht. Zum Beispiel ist es viel naheliegender, die Beine von Tieren, die weite Strecken zurücklegen müssen, länger und dünner wachsen zu lassen, als zum Beispiel Antilopenbeine zu Rädern umzubiegen. Deshalb hat die Natur auch einige sonderbare Konstruktionen gar nicht erst erprobt. Auch wenn es bestimmt spannend und nicht mal unmöglich gewesen wäre!

* Warum haben wir kein Fell mehr? Das wäre im Winter so praktisch. → S. 45
* Entwickelt sich der Mensch immer weiter? → S. 71
* Könnten wir neue Tierarten erschaffen? → S. 37

FALLS DARWIN RECHT HAT, BIN ICH DANN WEITER ENTWICKELT ALS PAPA?

Das kommt darauf an ... In manchen Situationen kannst du deinem
Papa bestimmt so einiges vormachen. Aber sollten sich unsere Lebensbedingungen schlagartig verändern, werden die Karten wieder neu
gemischt. Erinnerst du dich noch an das Schicksal der Dinos?

Da fiel ein Riesenbrocken vom Himmel und rottete sie aus.

Genau. Ein unvorhergesehenes Ereignis hat alles verändert. Viele Tiere,
die bisher kaum Überlebenschancen hatten, konnten sich retten, während
ausgerechnet die mächtigen Dinosaurier ausstarben. So funktioniert die
Evolution: Du kannst dich noch so geschickt auf deine Umwelt einstellen,
doch wenn sie sich dann plötzlich verändert und du nicht schnell genug
reagierst, stirbst du trotzdem. Und andere Arten, die durch einen
glücklichen Zufall auf die neue Situation vorbereitet sind, überleben.

Also braucht man in der Evolution auch Glück?

Ja, genau wie im tagtäglichen Leben. Ich mag diesen Gedanken: Der
Herrscher einer gewissen Zeit kann nicht ewig die Welt regieren, sondern
wird immer mal wieder abgelöst. Das heißt jedoch nicht, dass jeder
Macht- oder Generationenwechsel zu einer besseren Welt führt. Denn
Evolution bedeutet Veränderung und nicht unbedingt Fortschritt.
Beispielsweise ist unsere Welt heute viel reicher als die unserer
Großeltern. Doch leider ist der Reichtum auf der Erde bislang extrem
ungleich verteilt, sodass es viele sehr arme und viele sehr reiche
Menschen gibt. Die großen Unterschiede können leicht dazu führen,
dass die Menschen geizig, gierig oder neidisch werden und sich
gegenseitig die Köpfe einhauen. So kann Fortschritt manchmal
auch Rückschritt bedeuten ...

* Wie jetzt?!? Was sagt Darwin denn nun genau? → S. 22
* Kann die Menschheit in Zukunft besser werden? → S. 78

WARUM HAT DER MENSCH SEINEN SCHWANZ VERLOREN?

Der Mensch hat nie einen Schwanz gehabt. Keiner der Urmenschen, die je entdeckt wurden, hatte einen. Genauso wenig wie die Schimpansen, Gorillas, Orang-Utans und Gibbons. Vermutlich ging der Schwanz schon bei dem gemeinsamen Vorfahren aller Menschenaffen vor über 20 Millionen Jahren verloren.

Aber ein Schwanz könnte uns doch nützlich sein, oder?
Affen hilft der Schwanz, um ihr Gleichgewicht besser zu halten und flinker von Ast zu Ast zu springen. Doch einige Primaten nutzten ihren Schwanz immer weniger, bis sie irgendwann nur noch mit ihren Armen und Beinen kletterten. So war es auch bei unseren Vorfahren. Doch eine Erinnerung an den Schwanz ist uns bis heute geblieben: das Steißbein! Das untere Ende der Wirbelsäule ist alles, was vom urzeitlichen Schwanz übrig geblieben ist, quasi ein Evolutionsüber-bleibsel. So ein Körperteil nennt man „Rudiment". Viele Tierarten haben Rudimente, und sie sind ein toller Beweis für die Evolution. Diese Körperteile haben keine wichtige Funktion mehr (und oft machen sie uns Kummer, wie die Weisheitszähne, die sich hinter den Backenzähnen meist viel zu breit machen). Manchmal übernehmen sie aber auch sehr sinnvolle neue Funktionen: Am Steißbein sind heute zum Beispiel einige Muskeln des unteren Rückens angebracht, die uns beim Schleppen tonnenschwerer Schulranzen helfen.

* Schwanz verloren, zwei Arme gewonnen! → S. 45
* Wie wäre es mit einem Roboter-Schwanz? → S. 79

GESTERN AFFE, HEUTE MENSCH: UND WAS WERDEN WIR MORGEN SEIN?

Das weiß keiner! Zum Glück, denn das wäre doch langweilig! Die Evolution ist zu unberechenbar für genaue Vorhersagen.

Werden wir zu einer anderen Spezies?

Nein, wir Menschen werden wohl Menschen bleiben. Außer wir besiedeln zukünftig fremde Planeten und leben dort über Jahrtausende hinweg abgeschieden von allen anderen Arten. Hier auf der Erde haben wir alle Winkel und Ecken besetzt und müssen uns dank all unserer mehr oder weniger nützlichen Erfindungen gar nicht mehr an die Umwelt anpassen – die Natur passt sich nun zwangsläufig uns an.

Heißt das, dass unsere Körper auf ewig dieselben bleiben?

Nein, auch wenn wir es kaum bemerken – unsere Körper entwickeln sich immer weiter, jedoch nur sehr langsam. Und mit unserem Forschergeist helfen wir unserem Körper jetzt schon auf die Sprünge: In Zukunft werden wir schwere Krankheiten heilen können, wir werden auf eine gesündere Herstellung unserer Lebensmitteln achten und bestimmt noch vieles mehr …!

Und was passiert mit unserer Erde? Wird sie sich an all die menschengemachten Veränderungen anpassen?

Die Erde versucht uns auf alle möglichen Arten einzutrichtern, dass es so nicht weitergehen kann: Sie bebt, fordert uns mit schweren Unwettern und Tsunamis heraus, ihre Gletscher schmelzen, und ihre Savannen und Wüsten werden immer trockener. Wir müssen endlich lernen, Verantwortung zu übernehmen, und ihre Zeichen ernst nehmen: unserem Planeten und uns selbst zuliebe. Und natürlich, um all unsere tierischen Verwandten zu schützen, die genau dasselbe Recht wie wir Zweibeiner haben, sich auf dieser wunderschönen Welt zu vergnügen.

* Ist der Mensch die einzige intelligente Spezies? → S. 14
* Gibt es ein Tier, das sich niemals weiterentwickelt hat? → S. 28

Inhalt

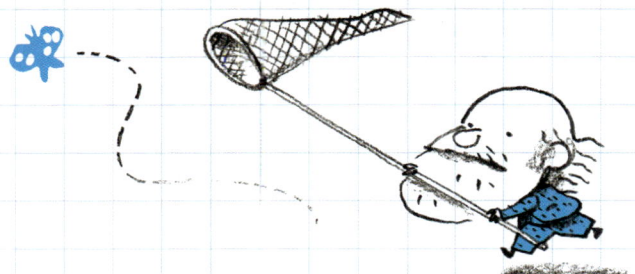

Inhalt nach Themen
Zur besseren Übersicht ...

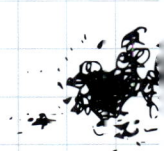

Die Autoren

FEDERICO TADDIA

ist groß, dünn und lebt in einem Haus aus Holz und Glas, zusammen mit Edoardo, Iacopo und Catia. Als Journalist und Autor redet und diskutiert Federico am liebsten mit Kindern und schreibt viele spannende Geschichten für sie – hören und lesen kann man Federico in der Zeitung, im Fernsehen und im Radio.

Auch Roberto Luciani war Autor. Er schrieb gerne Geschichten, und noch lieber illustrierte er sie. Das heißt, er kritzelte wie wild in ihnen herum, wie er es auch als Kind schon getan hatte. Manchmal zeichnete er auch ganze Comics aus seinen Storys.

ROBERTO LUCIANI

TELMO PIEVANI

Telmo Pievani ist Professor für
Wissenschaftstheorie an der Universität
in Mailand in Italien.

Außerdem ist er Mitglied
im Rat des Wissenschaftsfestivals
von Genua und Kodirektor des
Wissenschaftsfestivals von Rom.

Er ist Direktor von PIKAIA, einem italienischen
Evolutionsportal, und Autor zahlreicher Bücher
zum Thema Evolution.

Hierzu hat er auch die internationale
Ausstellung „Darwin. 1809–2009"
(Rom–Mailand–Bari, 2009–2010) betreut.

Er ist also ein richtiger Evolutions-Spezialist!

Sterne, Planeten und Galaxien:
Rätsel des Weltalls

Federico Taddia
Warum? Darum! Astronomie
96 Seiten · Ab 8 Jahren
ISBN 978-3-7891-8536-6

Woher wissen wir eigentlich was da draußen alles ist? Wie haben die Astronomen die schwarzen Löcher am ebenfalls schwarzen Himmel gefunden? Sind Goldfische gute Astronauten? Und werden wir irgendwann auf dem Mars wohnen? Das Weltall ist voller Rätsel und Geheimnisse!

Eine „Warum? Darum!"-Reise durch das Universum – mit frechen Kinderfragen, die von renommierten Wissenschaftlern beantwortet werden.

Oetinger

Weitere Informationen unter: **www.oetinger.de**

Weißt du, wie viel Sandkörner es auf der Erde gibt?

Federico Taddia
Warum? Darum! Geologie
96 Seiten · Ab 8 Jahren
ISBN 978-3-7891-8542-7

Unter der Erde brodelt es. Aber was brodelt da eigentlich? Und kann man einen erwachten Vulkan wieder einschläfern? Warum ist das Wasser in den Meeren nie alle? Wie kommen Muscheln auf die Berggipfel und hat mal jemand gezählt, wie viele Sandkörner es auf der Erde gibt?

Eine „Warum? Darum!"-Reise in die Geschichte der Erde – mit frechen Kinderfragen, die von renommierten Wissenschaftlern beantwortet werden.

Oetinger

Weitere Informationen unter: www.oetinger.de

Wer sagt, dass Mathe langweilig ist?
Von wegen!

Federico Taddia
Warum? Darum! Mathematik
96 Seiten · Ab 8 Jahren
ISBN 978-3-7891-8543-4

Wer hat die Zahlen erfunden? Können Tiere zählen? Wie kann man Rechenaufgaben tanzen? Sind Computer schlauer als Menschen? Was ist ein magisches Quadrat und was macht Primzahlen so besonders? Die Welt der Zahlen ist super spannend!

Eine „Warum? Darum!"-Reise durch die Welt der Mathematik – mit frechen Kinderfragen, die von renommierten Wissenschaftlern beantwortet werden.

Oetinger

Weitere Informationen unter: **www.oetinger.de**